《東透可》一本
走進台東人的生活角落，與土地共生共存。
採集台東生活文化的記憶，盼能喚起地方文化認同的意識，
透過《東透可》，讓您了解台東的真實樣貌，讓您愛上台東
並與我們一起，為台東寫下美麗的故事。

台東市隱藏的部落

《東透可》一本屬於台東人的雜誌刊物，走進台東人的生活角落，與土地共生共存，藉由刊物採集台東生活文化的記憶，期盼能喚起地方文化認同的意識。透過《東透可》，除了讓讀者喜歡上台東之外，亦能更了解台東真實的樣貌，並與我們一起繼續寫下許多台東的美麗故事。

今年《東透可》以「台東市隱藏的部落」為主題，您知道嗎？台東共有七個原住民族族群。而追尋過去的文化歷史，是了解台東重要的一環，台灣歷經的朝代政權更迭，雖然從文獻紀載中可以得知一二，但又有多少文獻中查詢不到的事情呢？

為了讓讀者能更了解台東原住民文化故事，我們在今年走訪台東市各部落，而到底隱藏在台東市的部落有哪些呢？分別是哪幾個族群呢？從過去到現在，各原住民族人是如何在台東生活呢？從古至今又有哪些生活文化上的改變及故事？我們將帶讀者們一一踏尋……。

本期《東透可》以「台東市隱藏的部落 - 原味技藝」為主題。在原住民的生活裡，祭典、語言、技藝、飲食及歌舞等，都是最珍貴的文化資產，是原住民後輩子孫們需要不斷去學習及傳承的。

就現代生活來說，部落有許多文化已逐漸失傳，因為社會變遷，所以部落裡人口外流的快，在無人使用與傳承下，部落的語言、飲食、傳統技藝，都逐漸消失了。此外，由於現在生活便利，所以許多祖先傳承下來的傳統技藝也已被隨手可得的現代物品取代，但仍有少數的部落耆老將傳承下來的技藝，持續活用在現代的生活中。他們為什麼不隨著時代改變，反而堅持繁瑣又費力的傳統技藝呢？這份對傳統技藝的堅持，其背後的情感，我們可以從「原味技藝」的篇章中感受到。

文化即生活，生活即文化。我們正尋著祖先留下的智慧技藝、曾經的生活方式，並努力的在現代生活中，再次活出屬於自己族群的文化。

總編輯
Raranges Hongay na atangigc　羅瑞華

目錄 /

原住民族委員會 COUNCIL OF INDIGENOUS PEOPLES 補助

發 行 人：洪宗楷
總 編 輯：羅瑞華
行政業務：林心怡
美術編輯：大肚娃文化創意事業有限公司
製作出版：社團法人臺東縣原住民文化暨產業發展協會
地　　址：台東市仁昌街 10 巷 20 號
電　　話：089-328366
E - m a i l：taitungtalk01@gmail.com

代理經銷：白象文化事業有限公司
經 銷 部：401 臺中市東區和平街 228 巷 44 號
電　　話：04-22208589
傳　　真：04-22208505
I S S N：2664-6935
定　　價：新台幣 150 元整

廣宣企劃 /

姆姆傳家寶工作室

x

大肚娃文化創意事業有限公司

姆姆 - 卑南族語祖父母的意思 / 傳家寶 - 珍貴流傳下來的寶藏 / 工作室 – 我們創作的地方

姆姆 + 傳家寶 + 工作室 = 承襲姆姆給予的珍貴智慧，為這世界創造出更多有意義的事物！

工作室成立 5 年，以在地人文為底蘊，並嘗試以自然素材創作，透過設計、雕塑、彩繪、創作、教學等方式，將文化與自然的美感帶到生活中。

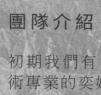

團隊介紹

初期我們有 4 個夥伴－觀光專業的秀如、木工專業的阿強、美術專業的奕婷、文化人類學專業的 Lamulu。不同的專業帶來不同的思維，所以我們團隊每次開會時總是有很多方向、很多創意、很多構想。夥伴們都是經歷了外面的工作鍛鍊後才又回到部落，雖然思維不同，但面對部落的文化卻有種說不出的默契感，就是這樣的默契讓我們聚在一起，開始嘗試創業。

從觀光取向的部落導覽開始，我們發展出了每一個人的專長項目並互相學習下，就這樣一場小導覽之外，加入了史前工藝，加入壁畫設計，加入了校園雕塑、加入了卑南族藤編研究計畫等等，眾多的摸索與積累的過程中，我們去掉不合適的（例如發展美食）漸漸找到工作室的方向。

但無論承接哪一項工作，大到學校的藝術裝飾案，小到一場文化導覽，我們皆不忘以文化為底蘊，加入美感與工藝做最終的呈現；即使是一場編織花環的課程，我們也希望客人不只學會編織，不只帶回物品，而是能深入了解花環對於族人的意義，文化意義與經驗的傳達是我們團隊的堅持。

印象深刻的一次計畫

2017 年的夏天，史前館與日本自然科學博物館合作的計畫案：跨越黑潮 13 萬年前的航海，在某些因緣際會下我們參與了計畫的採集、造船、自然素材工具製作、文宣設計、導覽等。那年的我們曬得焦黑、曬出的夾腳拖人字印都花兩年的時間才能消去，最終計畫的竹筏平安試航到綠島，這次的參與也是我們工作室重要的啟航。

我們在這次的計畫中，認識了阿美族的造船師傅—Laway 老師，跟在他身邊學習了很多採籐、剖籐、採竹、燒竹的技巧，開始大量摸索、使用、熟悉自然素材。我們開始對史前的工藝產生興趣，阿強與 Lamulu 也花了很多時間研究鑽木取火與製作石器，漸漸的石頭不再是石頭，而是可以使用的工具，它可以是石斧、石簇、石鋤……是開創的工具。阿強實踐史前的工法，在不使用電動工具之下，花了一個禮拜的時間製作出了一把純手工的石斧。現在，他會帶著自己做石斧與石矛、石頭墜飾、鑽木取火的工具，在卑南遺址公園進行史前特約導覽。

首先成為「生活在文化」中的人，帶著這樣的思維，所做的事情便離文化不會遠了。

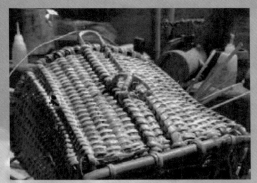 

最想做的事

從入山採集、材料處理、編織成器，我們希望扎實的做卑南族的傳統編器甚至是家屋。一件作品的完成，若只是編織的話可以很快，難就難在材料的取得過程以及處理，進入山中採集，就是進入工藝文化的生活領域，處理材料便是磨練工藝的技術與心性，編織成器是族群美學的呈現。希望工作室在工藝、設計執行等項目的支撐下，每年能有一定的時間用來實踐卑南族的傳統編織技術。

未來目標

我們的工作室已經定調於工藝、設計執行等類型,但文化若要傳更遠,還是需要有可以傳播的載體,在這個需求下,我們於 2021 年年初成立了「大肚娃文化創意事業有限公司」希望能在出版與藝文服務方面有更專業的發展。

大肚娃文化創意事業有限公司

遇到困難,如何解決?

我們的工作常缺人手,像是展場布置、壁畫繪製、鐵雕等,光是兩個人忙不過來,人手不足是在台東部落工作最常面臨的狀況,所以我們常與其他部落工坊合作,在長期互相支援之下,也培養出了一定的工作默契。這時候我們就是一個平台,藉由各項工作,讓不同部落的青年彼此合作,更多交流學習。同樣的,若是他們需要支援,姆姆傳家寶工作室也一定會到位。

舞台搭建 / 展場設計

展覽文案撰寫、插圖繪製

展場模型製作

聽到台東 > > > > > > > >
一幅幅美景 > > > > > > >
總能從我的腦海中 > > >
慢慢浮現 > > > > > > > >

封面故事 -

你知道的台東市有哪些原住民部落與族群呢?

台東，台灣的最後一個淨土，慢步調生活。
在這裡享受大地給的豐富資源
在這裡跟自己的心靈對話
這就是台東的魅力

在台東，截至目前總共有 7 個原住民族群，
阿美族、卑南族、魯凱族、排灣族、
布農族、達悟族、噶瑪蘭族

「台東」 是台灣原住民文化生活最豐富的城市

1. 馬蘭部落 2. 新馬蘭部落 3. 大橋部落
4. 阿西路愛部落 5. 巴古崙岸部落
6. 建農部落 7. 旮旮哈徠部落
8. 阿拉巴奈部落 9. 高坡部落 10. 馬當部落
11. 常德部落 12. 伊灣部落 13. 布頌部落
14. 石山部落 15. 巴沙哇力部落
16. 加路蘭部落

在台東市隱藏的
部落裡，有哪些
部落跟族群呢？

台東市 阿美族 共有 16 部落

台東市 卑南族 共有 4 部落

1. 巴布麓部落
2. 普悠瑪部落
3. 射馬干部落
4. 卡大地布部落

台東市 排灣族 共有 1 部落

卡拉魯然部落

台東市 魯凱族 共有 1 部落

撒舒而雅部落

台東市隱藏的部落生活

【原味生活技藝】
芒桿掃把

Fotol 楊朝雄

秋天，是適合想念的季節。秋天最適合賞芒草，一眼望去，白茫茫的芒草，滿山遍野、隨風搖曳著，讓人讚嘆這片土地帶給我們的幸福！

曾經在大多數的阿美族部落裡，用芒草桿製作的芒桿掃把，是家庭中不可或缺的民生用品。即使市面上販售各式各樣的掃把，但為何「芒桿掃把」仍是部落裡的掃把首選？原來，細緻的穗梗能掃走細小沙塵，比塑膠掃把更好用。

就地取材是祖先們的生活文化智慧，將大地給我們的資源，運用在生活中。花一年時間等待冬天來臨，到田野、河川等地採集製作手工掃把，用完可棄置分解或焚燒，回歸自然。現在愈來愈少人懂得循環利用大自然資源，而祖先們流傳下來的生活方式，是最環保的！

製作芒桿掃把並不難，但大賣場的便利性，讓塑膠掃把隨手可得，所以在部落中，芒桿掃把也漸漸被塑膠掃把所取代，會製作芒桿掃把的人也愈來愈少。

這次採訪常德部落的 Fotol fufu，就是部落中少數仍會製作芒桿掃把的老師之一。Fotol 從小跟著長輩學習各種阿美族傳統的生活技藝，務農的他偶然間發現高粱桿的材質較硬，便以高粱桿試做了掃把，發現它比芒桿更為堅固耐用。於是，Fotol 在田裡規劃部分區域種植高粱，每年到了冬季，就用高粱桿製作掃把。

敬請期待 東透可 - 原味生活系列活動【原味手作】DIY 體驗「芒桿掃把」
詳情請關注東透可 Face Book & Instaram 粉絲專頁

現今在部落裡編織的耆老越來越少了，阿美族的編織文化正漸漸消失。

這次採訪伊甯部落，詢問了很長的時間才找到從小就學習編織的耆老 — Laway 朱順博 FuFu。

台東市隱藏的部落生活

【原味生活技藝】
酒甕編織

Laway　朱順博

" 走出去也帶著技藝
　　　　這是我們的傳承~"

Laway　朱順博
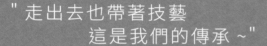

在以前，阿美族擁有許多編織的方法及技巧，都是一代一代從祖先那裡傳承下來的，像是編織酒甕、竹編、漁網、抓青蛙及放魚的漁篢等等。

時代的變遷，讓 FuFu 這個年齡階層的族人，大都在年輕時都就離開部落，選擇從事跑船的行業來維持家計。FuFu 說在他也是 19 歲時開始跑船，大約於 1982 年左右才結束。當時很多族人都會一起跑商船，一跑就是 10 幾年以上，每一趟出去大概都要 3 個月才能回來一次。FuFu 說最難熬不是跑船時的風浪，因為浪再大我也一定要活下去，但我無法參與在家裡發生的每一件事，是我最大的遺憾。在船上總有無數次思念起家鄉、父母、妻兒，在跑船的每一天，我總是在空閒時間與幾位族人一起哼起家鄉的歌、編織酒甕。那段漫長的日子，我透過編織及工作時的吟唱、只能想念、只能向老天祈求家鄉一切平安！

由於我在跑船時，只要有時間就編織，熟能生巧，直到現在我都沒有忘記編織的方法。編織的方法特別多種！但是現在時代進步，不再需要編織，很多東西都被取代了。我本身很喜歡編織，所有的編法中，酒甕的編法是我最喜愛的，而在部落也有很多釀酒的族人，會跟我訂購酒甕的編織。

很遺憾的是，現代年輕人好像似乎因為生活環境的不同，所以也沒有機會學習了。

希望阿美族的編織手法，
有一天能繼續的傳承下去！

敬請期待 東透可 - 原味生活系列活動【原味手作】DIY 體驗 「酒甕編織」
詳情請關注東透可 Face Book & Instaram 粉絲專頁

原味生活 //

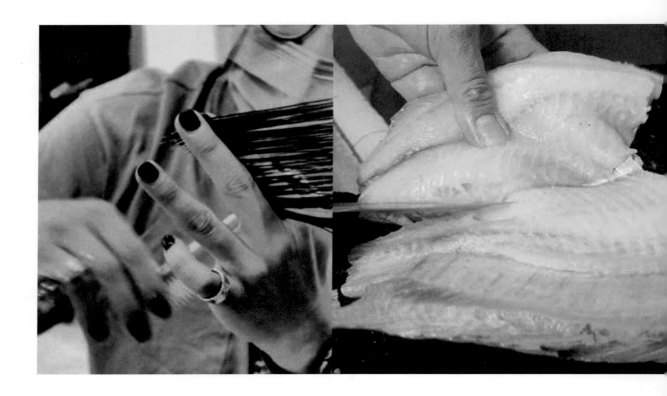

■ 平凡的生活，不平凡的故事

■ 一個沒想過要走的未來，卻成為了我生活的目標

■ 自己的人生自己走，堅持就能走進夢想

>>>>>>>>>>>>>>>Hana
>>>>>>>>>>>>> 鼎 豐
>>>>>>>>>>>>> Wllil

部落的獨特體現在生活的技藝中，這技藝在時代中漸漸只成為記憶，但感恩的是，為部落文化努力的人，持續增加，努力地將記憶再現回到生活之中

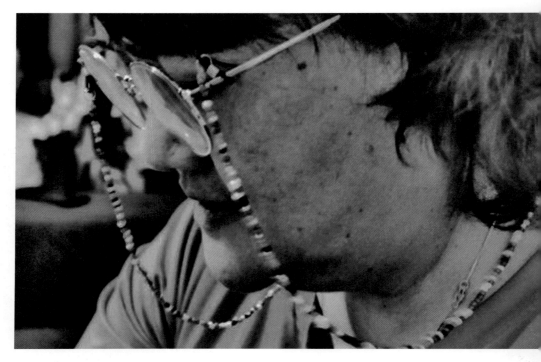

來自伊濘部落的 Useng Ina，名：吾聖（音譯）Ina（阿美族對母親的尊稱）

平凡的
生活，
不平凡的
故事

Useng

Useng Ina 的父親是部落中有名的傳統技藝師傅，他製作的物品，小到製作用來捕抓魚蝦的漁籠，大至大型傢具；母親則傳承傳統手工藝，如十字繡、傳統服飾等。從小耳濡目染的 Useng Ina 對藝術一直很有興趣，畫畫、摺紙、勾針、陶土藝術、傳統十字繡到串珠等等手作品，都是 Useng Ina 拿手的技藝。其中她的傳統十字繡與串珠結合了現代圖騰與技藝，更得到不少現代青年的喜愛！

Useng Ina 在人生旅途中，曾遭遇挫折，讓已結婚生子的她，不得不帶著孩子們回到家鄉生活。單親的 Useng Ina 獨自扶養 5 個孩子長大，一路上雖然辛苦，但堅定的信仰與孩子們的笑容，都是支撐她的最大力量。

每天除了工作外，還需要照料五個孩子的生活大小事情，Useng Ina 總是樂觀的說：「即便這麼辛苦，我內心仍然對藝術依然充滿夢想。」如今孩子都已長大進入職場工作，Useng Ina 重拾創作、實踐心中的夢想。

隨著時代的變遷，傳統技藝也漸漸的被工業化，為保存阿美族的技藝文化，Useng Ina 嘗試著將傳統串珠與現代手作結合，讓長老們將記憶中的阿美族圖騰、生活等畫作，使用串珠一針一線的將圖案完成。ina 最開心的就是看著長老們完成作品後的成就感。與長老們的交流感受到了生活中的藝術，藝術對原住民來說就是「生活文化」。

Useng Ina 說，人人都有自己的故事。我希望透過我的故事鼓勵每一個人。平凡中過著不平凡的生活，人生活決定。選擇很重要，一但選擇了，不論過程中有無數的困難，都必須走下去。才能看的到成果。經歷會成為你向前行的動力。

加油！孩子們！

一個沒想過要走的未來，
卻成為了我生活的目標。

林偌然

一位來自馬蘭部落的孩子，畢業於屏東科技大學後，在台北任教國小老師 2 年。因為爸爸過世，他必須從學校離職回家鄉。回台東後，展開了人生的新階段。

他開過卡拉 OK、酒吧、做過小農、漁夫、廟裡住持等等，在這段近 10 年的時間，試了各樣行業、嘗盡人生百態後，開始認真的思考甚麼是自己喜歡也能維持家計的行業。

我以前對做吃的就有一點興趣。在一次機緣下，看到東區職訓有中式烹飪職訓課程，正在招生，於是就開始了我的廚師夢想之路。完成職訓課程也順利考上證照後，跟朋友一起在綠島開了一間小餐館！生意都不錯。經營了幾年，想想自己應該也可以創業試試看。便從綠島回來了台東。

原本是受人雇用當廚師的我。因為原先做的老闆他們想要退休了。所以問我有沒有興趣接下來，我想給自己一個機會，就接下了做水煮魚的鼎鮮。

現在的「鼎豐」有別於前身鼎鮮的招牌水煮魚的是我推出了「川味麻辣」的口味，這口味是跟我的同學學的，他是在飯店專門做川味料理的主廚。我花了一段時間，來了解台東人愛吃火鍋的習慣，發現在台東愛吃麻辣鍋的人蠻多的，而在台東做麻辣鍋的店家其實不多。所以我推出了招牌菜「川味麻辣水煮魚」，正宗川味麻辣是不喝湯底只吃料的！但我研發出是可以喝的川味麻辣湯底，除了適合台東人的口味外，我要求新鮮，所以一定現場熬煮湯頭。

接待過大陸及韓國的朋友，他們對我的川味麻辣湯底讚不絕口。看著客人把菜吃光光，是我最有成就感的時刻。人以食為天！吃的東西絕對不能草率所以我對食材有一定的要求。店內除了招牌菜「川味麻辣水煮魚」外，還有熱炒類、燒烤類、酥炸類、椒鹽類、麵飯類、冷盤類、湯鍋類及三杯 / 糖醋類多重選擇，嘗試看看吧！每一道都會讓您垂涎欲滴、齒頰留香、津津有味！

我的理念是─ 做任何事情都需要用心，才能開創了不一樣的人生。我從來沒有想過我會自己創業開一家餐館，但現在「鼎豐」卻成為了我生活中最重要的目標。

鼓勵現代年輕人，在年輕時學一、兩件自己喜愛的技能是很重要的。中間過程有很多事情你必須要取捨，比如與朋友間的玩樂，或者自己的休閒自由時間減少等等。時間在哪裡，成就就自哪裡！專心學習技能並且精進讓自己在技能上更專業。有失必有德。當你選擇放下次要的事情，選擇重要的事情。必定能朝向你的夢想前進！

自己的人生自己走，堅持就能走進夢想

siwa 威利

從高三開始學習美髮，一直到現在大約是
14 年了。國中時就喜歡幫同學做造型，一
直到高中還在摸索自己應該要選擇什麼職
能？但我知道做造型本來就是我一直以來喜
歡的。

高職時學校美容美髮是合併的班級，學習課
程中，我只專注在美髮的學習上，美容就是
基礎的了解而已。因當時學校一直以來都是
以美容為主。我鼓起勇氣跟老師反應為何沒
有專攻美髮的班級？因為美髮在未來就業的
市場上，也具有它的專業性。與老師溝通。
學校經過考量後，將美髮科系獨立出來。讓
學美髮的學生們能夠更專精在這個職能上。
雖然在我們的下一屆才開始，但身為學長的
我，感到特別的開心。

在我們高三時，中科大有來學校招生，當時很多同學都想到外縣市去，而我那時候也決定去外面適應環境看看。就進入了中科大。畢業後就直接就讀中科大的美髮系，大學畢業後在台中待了兩年。從學美髮到設計師的這些過程中，讓我最難忘的就是，大學時期的那段時光。

人人嚮往的大學時期，其實我過得不快樂，也是比較孤獨的。在學習的過程中，因為本身是原住民被排擠。在學校也常常被霸凌的。霸凌有很多種類，言語及冷漠上的霸凌是讓人最難渡過的

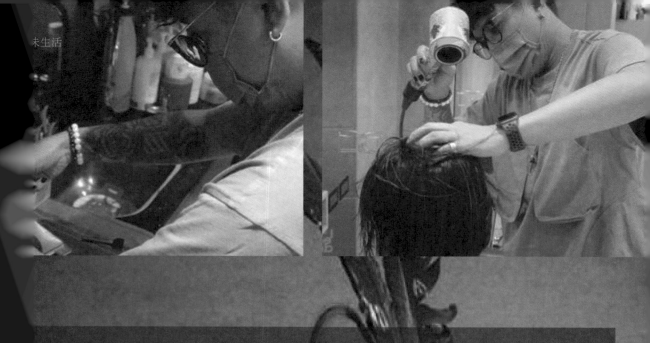

在學校，大部份的同學因為高職職能訓練建教合作的關係，有受過專業訓練的，所以自然地對我們這群從台東上來的原住民充滿著鄙視。我當時想，到大學就是要認識新的朋友，要突破自己，所以想辦法先跟其他同學有交流，反而卻被其他的原住民同學排擠。因為他們認為我故意想遠離他們的圈子。

我後來跟他們溝通，我說我希望跨出這一步，讓我們更能夠融入在群體生活中。學校有一些優秀的原住民老師，看到原住民的學生會特別的關心及照顧。在最後一次升設計師的資格考試時，與我一起參加考試的一位男同學，他在考完試但考試結果尚未出來的時候，他就在學校到處謠傳，說我可以考上都是因為老師放水，把我講得是靠關係來得到分數的。當時剛好老師又通知我被學校選中，要去做教學課程的講師，在這樣的處境下，我感受自己被嚴重的排擠。

那一段時間，很難熬。但我為了自己的夢想跟目標仍然靠著意志力忍耐渡過。特別感謝在學時，學長姐們的支持及鼓勵，因為他們都經歷過同樣的路，一路上真的感謝他們，給我的心靈輔導。讓我可以繼續往前走。

當兵時我回到台東，一邊當兵一邊培養自己的人脈，放假時偶爾做行動美髮，讓自己的手感不生疏。也在這一段時間了解台東人對美髮這個行業的需求，因此也認識了很多在台東的朋友。最後是為了能就近照顧媽媽，讓我決定留在台東做美髮造型設計，我便開始了我在家鄉的美髮人生。

一個新的里程碑

開始在台東美髮設計的生活後，一次偶然的機會，朋友與當時工作時的夥伴們鼓勵我參與比賽。我喜歡做造型，自然是有興趣，但也考慮了很多問題。當時思考如果我參賽，那就跟其他參賽者的團隊來比，根本是天壤之別，因為大家都是有店家或是企業的贊助，而我有的就是自己本身的設計美學及美髮的技能。如果報名參賽，在我沒店家的贊助及支持下，我就必須自己來籌組自己的團隊。

感謝所有願意幫忙我的朋友。雖然當時的我，不像其他參賽者，有很多資源、有店家的贊助及完善的團隊等等。但在大家的鼓勵下我還是參與了「2018 BEAUTY INNOVATOR AWARD 資生堂專業美型髮藝大賞」的比賽。一路上承受各種壓力及挑戰、突破了自己，也跌破了大家的眼鏡。當

我的作品從百位選手中脫穎而出進入 TOP10 名時，真的是非常榮耀及感動的一刻！那時其他 TOP10 以內的選手，都對我另眼相看！

我特別感謝所有支持我的家人、朋友及與我一起做造型及攝影師、模特兒的夥伴，願意陪著我在這一趟比賽中，與我並肩作戰！一同為我在美髮設計這條路上，建立一個新的里程碑。

能留在台東自己的家鄉服務是最棒的事情，我在外縣市工作時，有很多因為工作需求所以來做造型的客人，但台東人比較喜歡好整理、舒服的髮型，大約 3-6 個月可以整理一次就好。

我在台東從事美髮設計師已將近 7 年的時間，從懵懂到現在懂得經營自己，這一路走來我也學會了換位思考，重新審視自己在做的事情，最喜歡讓自己跳出美髮的圈子，偶爾去做做斜槓的事情，或休息時間到處走走，安靜地去思考如何繼續在美髮業走下去。

我是阿美族也是魯凱族，是原住民的混血兒。我很感恩我有這個特別的身份。也因為這個身份覺得榮耀，不需要在意別人怎麼看待你，把自己該做的事情做好，訂好目標，向前邁進。努力為生活付出，不要輕易放棄每一次能展現自我的機會。勇於挑戰才能看見更好的自己。

飛魚披薩　飛魚拉麵　紅燒飛魚

飛魚創意料理

Hongay Ina（Ina 是阿美族人對媽媽的
尊稱）很喜歡創意各種料理！她說她是
亂煮達人，從小學看著媽媽在廚房裡忙
著每餐的餐食而跟前跟後，一直到自己
也愛上煮菜，她笑說可能是因為愛煮愛
吃，這才練就了一身重量級身材及特別
的舌頭！喜歡創意做料理是她特別的嗜
好。她喜歡打破料理的思維，並認為一
個好料理達人所要具備的，除了不斷的
嘗試創新外，更重要的是用心做菜、喜
愛做菜。她說，一桌滿滿的料理，看著
家人或朋友吃光光，是她最開心、最幸
福的時刻！

這次很榮幸請 Hongay Ina 來分享如何
用在地的原住民食材飛魚，結合現代人
喜好的口味，做出三道美味飛魚系列的
料理！絕對不藏私～讓你們在家，無論
是自己動手或是與另一伴、與孩子都能
有很棒的料理交流時光 ^Q^

原味食光

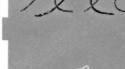

創意飛魚披薩

披薩可說是現代人最常吃到的外國食物，也是在聚餐、看賽事時不可或缺的美食之一。披薩從義大利傳到世界各地，但也有人說披薩最早是從中國蔥油大餅傳過去西方的。但不管從哪兒來？我們在家時，如何親手自己製作一個好吃又美味的披薩，這才是我們要說的重點啦！

準備食材：
以下份量約可製作 1 個 10 吋左右的披薩

▲ 高筋麵粉：300 克（高筋麵粉嚼勁口感最佳）
▲ 乾酵母：約 2.5 匙（用於發酵麵粉）
▲ 鹽巴：約 3 匙
▲ 砂糖：約 2.5 匙
▲ 薑絲少許
▲ 切斷九層塔少許（可依個人口味調整）
▲ 味增少許（因飛魚食材本身已煙燻過，有足夠鹽分，建議不用加鹽巴。味增可增加鮮味）
▲ 溫水：120c.c~150c.c
▲ 橄欖油：約 2 匙
▲ 雞蛋：1 顆

準備好食材～開始製作飛魚披薩囉！

步驟一：攪拌

準備好鋼盆，放入高筋麵粉、乾酵母、鹽巴、砂糖、蛋汁（打均勻），慢慢倒入溫水（約 40 度 C）及使用攪拌工具或自己的手，將其攪拌均勻。

步驟二：揉麵團

加入橄欖油，將其攪拌至不溼黏的狀態（若不慎加入太多水而造成麵團濕黏難以成團，可適當加入麵粉繼續揉拌。）。開始用力揉麵團，並將麵團揉至「光滑狀」，過程可能將近 20-30 分鐘或以上，依照個人手感。最後揉成團（圓狀即可）

步驟三：發酵

接著將光滑的麵團放到烤箱
中進行「發酵」約 40 分鐘；
有些人的烤箱沒有發酵功能，
可以透過隔著溫水（45 度 C
左右）來直接加溫揉麵團的鋼
盆。

貼心提醒：天氣較炎熱時，
將麵團靜置在常溫下也能快
速發酵；但天氣若是太乾燥，
可在麵團上撒上些許溫水，蓋
上保鮮膜，這會讓發酵速度更
快，假設因溫度無法掌控，看
麵團膨脹的情況，加長發酵時
間即可。

步驟四：將煙燻飛魚水煮

冷水放入小煮鍋，飛魚可切
段，放入冷水一起至滾水後，
關火。飛魚取出放涼後，取出
飛魚刺，手撕成飛魚絲即可。

步驟五：桿面皮

將完成發酵的麵團（此時麵團大約變成原來的兩倍大），放在撒上麵粉的桌面上，再撒上一些麵粉做為手粉，接著利用桿麵棍開始桿面皮。不一定要桿成圓形，也可以將餅皮桿成方形或其他不規則等形狀，但最重要的是要可以放進你家廚房的烤箱喔！

步驟六：餅皮戳洞

把桿好的麵皮放上披薩烤盤後，在餅皮的表面上戳洞，戳洞是為了使披薩的餅皮在烤的時候有地方可以「發洩空氣」避免整個餅皮膨脹起來而變形或破裂。只要稍微用叉子均勻分佈戳洞，不需要把餅皮戳透。

步驟七：放上佐料 & 餡料

先塗上少許味噌至麵皮上，放上飛魚絲及切段九層塔後，加上起司，放進烤箱烤 20-30 分鐘（口味焦度依照個人而定，平時自己在家做披薩，可以用自己喜歡的食材製作唷）

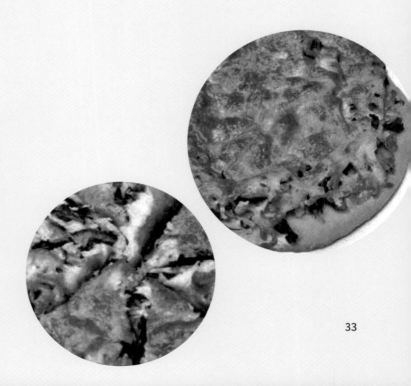

日式飛魚麵

準備食材：

▲飛魚半條
▲薑絲少許
▲蔥珠少許
▲味噌
　（依個人口味調整，因煙燻飛
　魚本身已有鹹度）
▲麵條（拉麵口感更佳）

（份量依個人調整）

步驟一

將冷水加入小鍋中，薑絲及飛魚放入冷水中。待水滾後，將飛魚取出！放入盤中靜置。將瓦斯爐火調至小火。

步驟二

將麵條放入鍋中。滾煮約5-10分鐘（依照個人口味調整時間），放入少許味噌（讓麵條能充分吸收味噌及飛魚高湯），需攪拌。

將靜置飛魚刺取出。再將飛魚肉放入麵條上，撒上少許蔥珠，倒入湯汁，即完成囉！

紅燒飛魚

準備食材：
▲ 1-2 條煙燻飛魚（切塊）
▲少許薑絲　　▲少許蒜頭
▲少許蔥段
▲少許九層塔　▲少許辣椒

調味品：
▲沙拉油
▲醬油
　（飛魚本身已經有鹹度，醬油
　　少許加添色澤及香味即可）
▲砂糖
▲水
▲米酒
▲半杯水

步驟一

熱炒鍋，薑絲、蒜頭、辣椒下鍋爆香。(不吃辣的人不適合用朝天椒)

步驟二

將飛魚放入鍋中，加入半杯水、砂糖、醬油及米酒。因飛魚已煙燻過是熟的，所以拌炒時盡量不要拌炒太多次，飛魚肉容易散。

步驟三

蓋上鍋蓋，悶煮約5分鐘，放入蔥段及九層塔。拌炒後，關火完成囉！

原味手作

■ 花環
■ 串珠編織
■ 檳榔染

花環 · 祝福

「花環」在各部落都有它特別的意義，大多是
母親對部落、家族、孩子的「祝福＆尊榮」。
花環常在原住民祭典、婚喪喜慶宴會上看見。

東透可今年在原味生活辦理【原味手作花環 DIY】體驗活動中，採用傳統編織方法三股編結合創新乾燥花方式，來製作花環。

這邊使用的乾燥花，是將乾燥後的小米穗及乾燥過的花，並使用乾燥後的稻草作為草繩，再用編織傳統花環的三股編法，來做編織。此創意有別於傳統用「輪傘草」作為繩子的編織方式喔！

小米是這片土地上原有的資源，在過去是原住民部落中重要的主食之一，而日治時代引進稻米耕作，原住民在當代為主要被傳授技術耕作者。許多原住民部落仍以種植稻米及小米為主，因此小米文化是部落生活文化中重要的一環。此次創作，使用稻草的編織加上小米裝飾，希望透過作品傳達豐收之意！

透可 - 原味生活系列活動【原味手作】DIY 體驗「花環・祝福」
清請關注東透可 Face Book & Instaram 粉絲專頁

串珠編織

對台灣原住民來說，藝術就是生活文化之一，在部落生活文化裡，色彩、編織、刺繡、串珠等等手作技藝，一直是文化技藝傳承不可或缺的重要元素。

各族群在串珠的技藝中展現其對生活文化、祭典、氏族、家族及族群的文化特性。從部落耆老口中得知，其實國內外原住民編織的手法，大致上都差不多，只是現代生活需求不同，加上取代編織的東西越來越多，在這情況下，能傳下來的部落編織繩法就越來越少了。

因著時代的進步，許多藝品的素材、顏色越來越多種類。為了讓大眾更多支持與了解原住民技藝。所以添加許多花樣、創意都在文創手作裡面，使部落的技藝與傳承變得更多元。

我們在採訪過程中，發現近幾年已有許多部落族人開始投入傳承技藝的這塊文化生活中，並且用DIY體驗、市集的方式，讓更多的人能看見原住民傳統技藝及創新的結合。除了非常有趣外，更能藉由文化創作藝品來傳達部落裡的文化及故事。

東透可 - 原味生活系列活動【原味手作】DIY 體驗 「串珠編織」
詳情請關注東透可 Face Book & Instaram 粉絲專頁

檳榔染

老闆！檳榔一包！老闆！檳榔 100！
在日常中，檳榔有時是工地做工時中必備的提神食品之一！而在部落裡，檳榔亦是婚喪喜慶不可或缺的社交禮品！那您知道的檳榔除了有這些功用外，您還知道在部落裡它也是用來染色的重要植物嗎？

在東台灣原住民的部落生活文化裡，染布最早從什麼時候開始其實已經從無可考究了，但染布的技法就這樣代代相傳至今。以東排灣來說，薯榔染、檳榔染是部落裡不可或缺的一種染布的材料。

「取於大地、用於大地」環保且不浪費大地賦予的資源、這是祖先們流傳下來的生活文化中的智慧。

暖暖的顏色，讓人感覺放鬆。微微的檳榔香氣，帶點思念家鄉的味道！這就是檳榔染的魅力！

東透可 - 原味生活系列活動【原味手作】DIY 體驗 「檳榔染」
詳情請關注東透可 Face Book & Instaram 粉絲專頁